Bland livets törne och sår

Anette Carlén

BLAND LIVETS TÖRNE OCH SÅR

Omslag och Layout: Dan Carlén
Foto: Anette Carlén, Dan Carlén och Patrik Holmvall
Bilder: Anette Carlén

© 2022 Anette Carlén
Förlag: BoD – Books on Demand, Stockholm, Sverige
Tryck: BoD – Books on Demand GmbH, Norderstedt, Tyskland
ISBN: 978-91-7851-862-3

Innehåll

1. Ord- om den brinnande kärlek och det svarta hatet

2. Av sol och sorg knytas livets väv

3. Tusen tankar i livets labyrint

forts.

Innehåll

4. Tankar i natten

5. Plötsligt står jag vilsen bland livets törne och sår

6. När himlen friar till stelfrusen jord skälver naturen av lust

Innehåll

7. Bortom natten skymtar gryningen

1. Ord- om den brinnande kärlek och det svarta hatet

Foto: Anette Carlén

Ord – själens prismor

Smyckar mina ord med fantasins blommor
Lägger dem i ett gyllene mönster
I ett sprudlande, skrattande
Spel av skugga och ljus

Ett rasande, rytande
Vrål från botten av min själ

Jag älskar med ord
Färgade av lidande och passion

Ord, som prismor
Lyser i regnbågens färg och ton

Ord, toner som stämma upp till dans
Vill ge en chans
Till gråt och skratt
Under själens mörka natt

Just till dig

Mina ord
Är penseldragen i en tavla
Målad just till dig
För mig
Är du den vackraste,
Den mest bedårande varelse
Gud har skapat på vår jord!

Just till dig – en inte fullt så snäll version

Mina ord
Är penseldragen
Som ger bilden kontur
I en tavla målad
Just till Dig!

För mig är du
Det mest usla, det vidrigaste
kräk som finns på denna jord!

Skriv mig en dikt om kärlek och sång

Skriv mig en dikt
Om kärlek och sång
Sjung mig en sång om glödande kärlek
Om passionens lågor så heta

Håll mig i din brinnande famn
Kyss mig mitt hjärta, min älskade
Dansa med mig, älskling,
En tumlande, virvlande dans

Glömsk av kärlek
Drömsk av kärlek
Låter vi världen sköta sig själv
Kvar är du
Kvar är jag
Du blir jag
Jag blir du
Vi är ett
Är nu

Read me a story of love

Read me a story of love and joy
Tell it closer
Please, a little closer
I want to feel it in my veins
In my heart

Kiss me
Hold me close
Whisper words of love
Softly in my ear
Tell me a story of love, my dear.

Svartare än natten

Svart som natten är hatet du gav mig
Svartare än natten är din gärning
Svart sorg fyller mig

Med en enda handling trasades allt sönder
En hand på fel plats, i fel rum
Nu önskar jag kallt
Att resten av ditt liv blir en mardröm
Svartare än natten
Må din ånger vara som en kvarnsten
Svartare än natten.

Kyrie Eleison

Kanske...

Kanske infinner sig sömnen i natt
Kanske får den trötte ro
Kanske finner vilsna tankar bo
Kanske byts hatet mot fridens ljuva skatt

Du

Ur kaos
Föddes kärlek
I smärtan
Sågs vi
Gav vi
Vad vi aldrig förut fått
Gav vi

Du håller mig vid havet
Jag drunknar i din famn
Älskar ...
Lyssnar till din röst
Du håller mig
Sakta rör vi oss
Dansar
Jag ser dig
Rör dig
Älskar dig
Du älskar mig vacker

Du

2. Av sol och sorg knytas livets väv

Foto: Anette Carlén

De ljudlösa orden

Tårar faller
De ljudlösa orden
Tyngda av livet
Krossas mot jorden

Bereder väg
För kommande skratt
För dag kommer efter natt

Vaggvisa till liten pojk

Koltrasten höjer sin klara stämma:
Lyssna till min sång.
Låt världen ha sin gång,
Vila ditt trötta huvud och sov en stund.

Nu faller kvällens mörka slöja
Blommor tyst i bön sina huvuden böja.
Solen färgar himlen röd,
Om kvällen ska solen inte bränna dig.
I världen är krig och nöd.
Men i natt når det dig ej.

Var inte rädd min vän
Se så, somna om igen,
Sov i ro, min lille prins,
Ingen fara denna natt finns
Mamma ska alla monster skrämma.

Om en trast – en sång om tröst

En liten koltrast på vår bakgata
Tog sina första flygtag
Tå kom en skata
Som ett lag
Två trastar slog
Denna svartvita ragata
Hon gjorde luftpiruett och log
För en annan skata smög
Fåg hur liten unge flög
På fel sida mur så hög
Höga pip, fjädrar överallt,
Så var allt tyst
En lång stund hördes inte ett knyst
Två fåglar svarta och vita nöjda var

Liten trastamor satt vid muren kvar
Med sång i moll gavs sorgen röst
Så kom den andra trast
Hon hämtat lite mat med hast
Matade sin vän med kärleksfull tröst

"Ropa till Gud" i akryl av Anette Carlén

Solstrålen

En solstråle har slutat skina på vår jord
Den har bytt riktning
Strålar nu för evigt
Omfamnad av saknad mor
Busar sen med änglar

Vildrosens strand

Där satt en ung kvinna en gång
På en öde och klippig strand
Hon lyssnar till havets gungande sång
Väntar sin älskade,
Så fjärran från land
Där måsarnas skriande skratt
Blandas med sälta och tång
Medan dag blir till natt
Medan dag blir till natt.

Den sköna vildrosens vita blad
Lyfter och stiger mot strålande sol
Hennes längtan ger hoppet vingar
Vildrosens blad stiger
Över havet det svingar
Faller i svarta vågors bad
I törnet södergök gol
Medan dag blir till natt,
Medan dag blir till natt

Nätter komma, dagar gå
Sommarsol och regn som faller
Kommer höst och stormar likaså
Så komma vinter
Med vila i sitt hägn
Havet ger henne bud
Din älskade är hos Gud
Medan dag blir till natt
Medan dag blir till natt

Forts.

Om våren brister liten knopp
Träden sträcker jublande gren
När den strålande sol går opp
Du ska åter se din vän
Där leende liv
Lyser själen ren
Din vän tar dig i famn igen
När natt blir till dag
När natt blir till dag

Ingenting kan skilja de tu
All sorg o väntan
Är över nu
Där vandrar de,
Hand uti hand
Över vildrosens strand
Där natt blir till dag
Där natt blir till dag

Foto: Dan Carlén

Regnstänk på min kind

Regnstänk på min kind
Eller var det en tår som föll?
Står och iakttar
Regnet som faller
Faller för vännen
som flyttat
Hem...

Stannar en stund på vägen
Torkar en regndroppe
Från kinden
Ser mig om
Men din plats är tom

Du har flyttat hem
Bort från sjukdom
Bort från Kval
Bort från ångest
Nu får du vila ut
Kvar är vi
Kvar är minnet av dig
Men tom är platsen som var din
För du har flyttat
Hem...

Fönster

Ett fönster
Liv som kommer och går
Ett hjärta som slår
Minnen pågår

När jag vandrar förbi ditt fönster
Blickar du ut
Eller tittar jag in?

När mörkret sänker sig
Över gator och torg
Lyser en lampa
Bakom det stängda fönster
Blickar jag ut
Eller tittar du in?

Möten som aldrig sker
Fångad bakom ett fönster
En historia jag aldrig får höra
Lyser kärlekens klara låga
Eller råder tyrannens plåga

Ett krossat fönster
Öde och tomt
Vad ville du berätta
Var det om frihet och framtidstro
Eller om ett förlorat hopp
Slapp du äntligen ut
Likt fågelns snabba vinge till slut
Eller kastades en sten på ditt fönsterglas
Stal någon lyckan så allt gick i kras

Forts.

Ett fönster
Blickar som möts
En flyktig sekund
Två hjärtan slår helt nära
En evighetstund
Men din hemlighet stannar
Bakom ditt fönster.

Missfall

I mitt sköte ett litet liv börjat gry,
Ett hjärta taktfast slå.
Tårarna strömmar,
Hjärtat ömmar.
Glädjen byttes till sorg.
I himmelsk harmoni dansar du
Med änglarna nu.

3. Tusen tankar i livets labyrint

"Cry for peace" i akryl av Anette Carlén

Tusen skärvor

Likt fjärilar fladdrar tankar förbi
Eller är det gamar
Cirklande kring skärvor
Av det som var jag...

En stormande vind
Kastar rasande opp
Tusen skärvor...
Skimrande prismor
Av trasig själ.

Tisslare och Tasslare

Tisslare och tasslare
Små ormar som sprider sitt gift
Krälar bland människor
Ringlar sig, slingrar sig
Och vrider på sanningen

Tissssslare
Och
Tasssssslare

Lyssna till deras förföriska tal
Snart sprider sig en eld
Lögner får eget liv
Blir en sanning
Trasar sönder
River ner
Sanningen syns ej mer

Tisslande, tasslande

Konfronterar du
Biter de
Slingrande och hotande

Vad hjälper det att de har vackra namn o stora ord
Vad hjälper deras fina kläder
En dag ska ljuset skina klart
Deras gift blir uppenbart!

Dysfori i symmetri

Stövelskodda fötter
Röda som blod
Stampar, trampar
På krökta ryggar.

Separerar en mänska från annan
Gammal från ung, lätt från tung
Lägger sten på börda
Tystnad i leden
Inte bli upprörda

Talar om demokrati
I samhällsdysfori
En apati
I symmetri
Där rövare är offer
Och offer på förhand dömda
Att bli glömda, undangömda

Var är de goda som strider
För alla som lider
Helt korrekta de rider
På hyckleriet framskrider.
Paragrafer och normer
Vrider så det passar deras former.
Barmhärtighet undan glider
För debet och kredit är uniformen
Tystnad... normen

Foto: Patrik Holmvall

En trasig rock

Vinden viner hela dagen.
Ser du den gamle man
Som fällt upp kragen?

Han som på andra sidan gatan går?
Han som alla spefulla blickar får.

Trasigt är fodret i den rock
Som förr var trendig och tjock

Isen i byxans gren
Skaver mot hans ben.

Vad som förut hänt
Är för andra inte känt.

Så fortsätter mannens vandring
Tung är hans anding.

Fickan är tom, liksom magen
Härbärget stängt om dagen

Med ryggen böjd och krum
Går han till stationens varma väntrum.

Somnar så en stund med stilla sinne
Glada sommardagar med barnen fyller hans minne.

Du, det kan gå bra!

Mörkret tätnar, världen snurrar, spinner
Stirrar genom ett fönster
På osynliga små bollar med taggar
I det nya normala, brutala, sociala
På distans, digital konferens,
Ja eller nej, vaccin eller ej
Kolera eller pest,
Livet är en fest
Blir klimatsmart och äter grönt
Knäckta nötter, sjuka bananer
Avokador stjäl allt vatten
Gröna sedlar seglar förbi
Fångar en fisk, skickar till annan strand
För att rensas av fattig hand.
Ger en samvetsslant på en glammig gala,
Så håll din trut
Trutar och måsar fyller stan
Råttor mitt på blanka dan
Va'f...
Jag sitter ensam, social vid skärmen och ser...
alla vackra hem, lyckade mänskor som ler
Tar en selfi
Selfie, groupie, snap, tweetar på insta, OMG
Beställer en stressboll, ett tyngdtäcke, full koll
Hämtar från instabox
I wish, I swish, Iwatch...
På min klocka syns små siffror som räknar mina steg,
Alla kalorier jag äter,
Livets countdown

Ett hjärtslag i taget.
The final countdown på radion...
Ständigt uppkopplad, uppiffad, uppdaterad med retro, rätt tro, rätt
Ord, rätt åsikt, åsiktskorridorer.

Forts.

Vart jag mig i världen vänder
Ser hur mer elände händer
Ingen ände för den ende, den ena stående, den sjuke, lytte, blinde,
Döve...
Jag skriker, ropar, är jag osynlig...
De höga hattarna paraderar förbi i parodi av en demokrati
Kom och sjung en enkel sång om frihet...
För de mäktiga männen, med eller utan byst
Men kvinnan står med skammen,
Kvinna tänk på kläderna, tiden, cidern, anmäl... helst inte!
Amen
Klockorna ringer, jag springer, till möten, till tåget, till det som ger
Stora friden. Vad i hela friden, överallt står striden.
Jag stannar, jag faller, faller... ner i mörkret jag faller
Så tar tiden slut en stund när jag når min avgrund...
en evighetsekund.

Vad är en liten människa?
Oändlig till sin natur älskad, vacker inifrån och ut
Tills tiden tar slut.
Avskalad kärlek, på djupet älskad
Dyrbar bortom färger, rymd och ord
Till slut fann jag ut
Jag är inte definierad av allt jag gör
Jakten och kraven tär och förgör
Jag fann att jag och du är älskade trots allt,
Mot alla odds
Så att säga
För att jag och du är just de vi är.
Du och Jag, ett vi... Starka tillsammans
En liten sticka i mörkret som lyser hopp kan delas och i dess ljus
Syns inte mörkret mer.
Du, det kan gå bra!

4. Tankar i natten

Foto: Dan Carlén

Ord som naglar

Jag har nya naglar
Med dem kan jag klia din rygg…
eller riva

Mina naglar är långa och vackra
Ser ut som kattens klor

Mina ord kanske inte kittlar din smak
Men nu ska jag vara helt rak
Jag skriver som jag vill
Ett ord och ett till

Ord kan kittla och behaga
Men jag ber att få beklaga
Om de riva
Det är så här jag valt att skriva

Bricanyl - för de talträngda

Bricanyl
Kan det vara så
Att det hjälper när mänskor pratar på
Så man aldrig får in en syl

Pulmicort – förebyggande mot infektioner i relationer?

Pulmicort
Jag undrar om
Det förebygger mot dem som
Infekterar relationer och
Pratar bakom din rygg när du tittat bort...

Dactacort...

En tanke... bara en undran, ganska kort.
Dactacort...
Kan det hjälpa mot oönskad klåda som svider
När ärren i själen kliar och lider?
Kanske som salva på såren...
Går sånt verkligen över med åren

Viagra – för lyckad celldelning?

Viagra...
Kan det hjälpa mot dumhet?
Kanske kan man lyckas få de stackars cellerna att föröka sig,
Eller åtminstone resa sig och utföra nåt?

Foto: Dan Carlén

Perspektiv

I den mörka natt
Jag helt stilla satt.
Tänkte att
Om man ser
På ett moln innan regn faller ner
Är det vansinnigt svart
MEN
Om jag bara
Kunde flyga där ovanför
Det väldiga molnet skulle vara
Helt vitt, nästan så det stör.
Tänk vilken skillnad ett annat perspektiv gör

Grafik: Dan Carlén

Sannolikt

Sannolikheten att något sker är osannolikt liten innan det sker.
Skeenden som i skenet av sannolikhet är osannolikt sannolika,
Sker sannolikt trots allt.

Om jag blundar finns du då

Om jag blundar
Finns du då?

Om jag vänder dig ryggen
Slutar du då existera?

Om vi slutar att se orättvisor
Betyder det då att vi löst dem?

5. Plötsligt står jag vilsen bland livets törne och sår

Foto: Patrik Holmvall

Ord som knivar skär

Så ringer du igen...
Dina ord som knivar i hjärtat
Nålstick i själen
Jag töms på all kraft

Trasig, darrar, skälver, faller
In i mörker
Jag orkar inte mer
Ord som skär
Ord som stjäl och tär

Men en hand tar min
Med ordlös kärlek
Tvingas jag ut i ljuset
Än en gång reser jag mig

Var tog du vägen

Var tog du vägen?
Står här och väntar.
Hör avlägsna skratt
Inser att det är minnets eko
Jag har gått vilse
Tappat bort mig på vägen
Irrar i en labyrint utan slut
Orden som trängde sig fram har tystnat.
Vem är jag nu?

Kvällsbesök

Så kom du då ikväll igen,
Du talar om för mig vad som gick fel
Vad jag borde gjort
Och hunnit
Tittar mig stint i ögonen
Och säger helt kallt
Idag har du misslyckats
Inte heller idag kunde du vara snäll, go och glad
Så trodde du att du dög
DU SÖG

Lugnt tittar jag på dig och ber:

ÅNGEST GÅ DIN VÄG.

Jag är för trött.

Astray in a caleidoscope

How can I tell you what you have done?
How? When you don't even care.
Do you know, it hurts more than I can bear
You know, it's what you say
That cut my heart to pieces every day
Your words Made me homeless
Lost in a nightmare of loneliness
Do you know that you took
My safe haven and…
Lord, it shook
Now, it's a caleidoscope of brokenness
Never again
I'll see you as friend
I find myself
Astray in a caleidoscope
Of broken trust
Slowly time will bring new hope,
Turning your words into dust.

Ibland ser jag dig

Ibland ser jag dig mellan alla taggar och sår
Ibland när det inte gör så ont
När såren i mitt inre inte skaver så
Ser jag hur vacker du är.

Ensamhetens klor

Ensamhetens klor gräver sig sakta in i mitt bröst.
Hos vem ska jag finna tröst?
Kanske hos en dåre utan vett
Eller en varg till får förklätt.
Du som säger dig vara min vän,
Varför kommer du inte igen?
Du som säger dig finnas där alltid,
Varför säger du jämt:
"Kom imorgon, då har jag tid."

En klo når nu mitt hjärta.
Jag skriker av rädsla, av smärta.
"KOM SKYNDA TILL MIN HJÄLP!"
"Kom skynda till min hjälp..."

En stjärna klar nu stiger mot nattlig sky.
...så ska ännu en dag sakta gry.

Elefantskit

I min ångest gick jag om natten ut
För att fundera över dystra ting.
Är mitt liv, mitt slit inte värt någonting?
Gud har du övergivit mig till slut?

Då mötte jag en drucken ängel som sa:
Bara för att man luktar som en elefant,
Betyder det inte att det är sant.

Tänk vilken visdom.
Jag vände om,
Gick hem igen denna natt.

Tänk kanske är det så att
Även när jag känner mig värdelös
Är livet en skatt.
Ibland kan en drucken ängels ord
Ge ny kraft och nytt mod.

6. När himlen friar till stelfrusen jord skälver naturen av lust

Foto: Dan Carlén

Ord, kom till mig

Ord
Kom till mig
Hjälp mig att måla en bild
Av den smärta som vilar så tungt
I mitt hjärta
Ord
Så svåra att fånga
Likt flyende fåglar
På lätta vingar
I vinden flyende bort
Ord
Hjälp mig se hur hårda stenar
Kan skulpteras till former att förstå.
Dessa kantiga stenar
Som skär i själen repor
Mönster att minnas
Bilder av minnen
Ord
Hjälp mig att måla
Min smärta begriplig
Att minnas det ljusa
Doften av sommar
Känslan av vind
Som varsamt smeker min kind
Ord

Vårens galna återtåg

Solen skiner från himmel blå.
Naturen fylls med lust att leva.
Fåglar sjunger i galen symfoni
Marskatter skriker om natten,
Svänger på svansen och slåss som katten.
Himlen friar till stelfrusen jord.
Allt knoppas och lockas till buskens snår ...
Tussiga små knytt skuttar så fram...
Trots svarta moln i öster
Fortsätter våren sitt galna återtåg.
Med yster eufori
Vägrar hoppet släppa taget om livet.
Allt föds på nytt
En ny vår har grytt.

HöstTanka

Gyllene kronor
Kröner vart träd i min park
Bladguld beklär mark

Svarta stammar blir noter
Till småfåglars melodi.

Foto: Dan Carlén

Regnhaiku

Regnet öser ner
Åskmuller och blixtljus syns
Ändå skiner sol

Solgula under

Hela natten ryter vinden,
Spränger fram sin vredes sång
Dansar o virvlar natten lång
Som i en galen trans
Ruskas löv av träd
Kastar de gyllene löv runt, runt
Lyfter dem allt högre i skyn
Som om den allsmäktige själv
Ville ta sig en titt
På de rubinröda löv
Som låg på vår gård.
Regnet slår mot min ruta
Trummar virvlande marsch
Till vindens extatiska dans
När jag så på morgonen
Rastar min hund
Ligger helt stilla
Gyllene gul
Min mössa
Framför min port
Helt torr
Jag ler
Känner hur vinden rufsar mitt hår
Tar på min solgula mössa och går

Hösten skiftar skrud

Frostbiten morgon
Andas friskt på gyllene löv
Silverfärgar träd

Blodröda äpplen ramlar,
Famlar efter markens famn
...
Solen värmer mjukt
Frusna vandrare på färd
Nordan biter kind

Vintervita flingor yr
Allt skiftar till vinterskrud

Rimfrostblommor – en haiku

Rimfrostblommor med
Solskensskimmer skönhet skänkt
Isigt fönsterblänk

Saffran och Mandelhjärta

Bakar i advent
Gyllene bullar dofta
Sprider glädjeos
Saffran o mandelhjärta
Kärlek i gyllne klädnad.

7. Bortom natten skymtar gryningen

Foto: Dan Carlén

Words of Incense

Words of love and veneration
An incense
from generation to generation
Ascends

A scent
Of heaven descends
A sence
Of holy love from heaven sent

Genom tysta gränder och marknära stjärnehav

Vi går genom tysta gränder,
Mörk är ännu vår stad
Ingen gryning vid horisonten.
På gatorna glimma lampor rad på rad,
Ett marknära stjärnehav

I ett träd på vår gård,
En ensam liten fågel
Sitter vid stjärnans sken,
Och hälsar oss:
God morgon, trötta pilgrim!
Det blir nog en fin dag.
Kom, lyssna till min sång.
Den är till dig!
Du är, liksom jag,
En skapelse av mästarns hand.
Inte ens Michelangelo i all sin glans
Skapat sådant mästerverk.
Lyssna till min melodi.
Inte ens Vivaldi eller Mozart
Kunde skapa sådan symfoni.

Ingen stjärna på himlen syns,
Men en strimma ljus går opp
Vid himlens rand
Talar om ljus och om hopp.

I en vild glädjedans
Stundar storm och höst
Marken skimrar av pärlig dagg
Och bladguldsglans

Forts.

Med gyllne ton och sprakande passion
Älskar naturen med lust
Guld vars enda syfte är att
Skruda vår jord med skönhet
Inför vinterns mjuka stillhet!

Den lilla fågeln kvittrar glatt:
Detta är för dig!
Kärlek utan gräns.
Skapad i yster eufori.

Jag stannar stilla
Dricker en bägare
Passionerad, krispig höst
Så vandrar vi vidare,
Min hund och jag

Som när himlen kysser havet

Som när himlen kysser havet
Vid horisonten
Och uppgår i ett evigt blått
För att aldrig släppa taget,

Så är du underbar,
Trofast och oändligt ofattbar
I din gränslösa kärlek, min Gud.

Hur ska jag, en liten mänska kunna bestå
När varje atom i mig vill dansa
Då jag för ett litet ögonblick
Erfar en helig himlakyss
Och allt blir stilla runt omkring

Som när himlen kysser havet
Vid horisonten
Och uppgår i ett evigt blått
För att aldrig släppa taget.

Vid Mästarens fötter

Jag fattar min penna och skriver en dikt,
En dikt om ett hjärta tyngt av smärta,
En dikt som av bördor är böjd.
Den handlar om en kvinna som böjt sig ner.
Hon böjde sig ner vid Mästarens fötter,
Kysste dem ömt och smorde dem sen med sina tårar.
Hon hörde hans röst och kände hans hand mot sin axel.
"Mitt älskade barn, var inte rädd, Din skuld är förlåten.
Du är Fri!"
I en jublande dans sprang hon hem.
Hon var FRI! Hennes själ hade fått frid.

Foto: Dan Carlén

I skymningen brinner himlen av längtan

I skymningen brinner himlen
Av längtan efter natten.
I en kaskad av färger
Välkomnas den sammetslena vila
Där ständigt nya drömmar föds.
Likt diamanter glimma
Hoppet om en nyfödd morgondag
Där tårar är lika fjärran
Som vintergatans stjärnebro.

Genom allt

Genom allt finns en kraft som bär
När mörker nära nog förtär
Det finns ett ljus som ger frid
Det visar väg i vår kamp o strid
Ett namn så vackert klinga
Jesus älskar oss, var och en
Sin frid skall Han bringa
Du är Hans ögonsten, min vän
Hans nåd ger hopp om och om igen

Idag såg jag morgonen randas

Idag såg jag morgonen randas,
Solens första bleka strålar mornade sig bakom bergen.

Jag såg mörkret fly för dess sken,
Gömma sig bakom stock och sten.

HA HA

Den väldiga jätten blev i ett slag,
En skugga blott av sitt fornstora jag.

Idag såg jag morgonen randas bakom bergen.

Bortom Natten

Låt ditt ljus
Lysa i mitt hjärtas mörker
Så jag ser det hopp
Du av kärlek gett
Låt mig åter höra sången, höra skratten
Se vad skönt som finns bortom mörka natten